# Cómo mantener una conversación difícil

## SERIE MANAGEMENT EN 20 MINUTOS

Actualiza rápidamente tus competencias profesionales básicas. Tanto si buscas un curso intensivo como si solo pretendes repasar brevemente tus conocimientos, la SERIE MANAGEMENT EN 20 MINUTOS te ayudará a encontrar justo lo que necesitas, es decir, un conocimiento fundamental para profesionales ambiciosos o futuros ejecutivos. Cada uno de los libros es una breve y práctica introducción que te permitirá repasar una amplia variedad de temas indispensables para la gestión de negocios, y que, además, te ofrece los consejos (sencillos, útiles y fáciles de aplicar) de los académicos más prestigiosos.

Títulos de la colección:

*Cómo crear un plan de negocio*

*Cómo gestionar tu tiempo*

*Cómo dirigir reuniones
de trabajo*

*Finanzas básicas*

*Cómo ser más productivo*

*Cómo mantener una
conversación difícil*

*Cómo gestionar la relación
con tu superior*

*Cómo realizar presentaciones*

*Cómo colaborar virtualmente*

*Management Tips*

*Cómo dirigir equipos virtuales*

*Cómo liderar reuniones virtuales*

*Los 9 secretos de la gente exitosa*

*Management Tips 2*

*Equipos innovadores*

*Cómo delegar*

*Cómo dar un feedback efectivo*

*Cómo evaluar resultados*

**SERIE MANAGEMENT EN 20 MINUTOS**

# Cómo mantener una conversación difícil

Exprésate con claridad
Maneja las emociones
Céntrate en la solución

REVERTÉ MANAGEMENT (**REM**)
*Barcelona · México*

HARVARD BUSINESS REVIEW PRESS
*Boston, Massachusetts*

**Descuentos y ediciones especiales**

Los títulos de Reverté Management (REM) se pueden conseguir con importantes descuentos cuando se compran en grandes cantidades para regalos de empresas y promociones de ventas. También se pueden hacer ediciones especiales con logotipos corporativos, cubiertas personalizadas o con fajas y sobrecubiertas añadidas.

Para obtener más detalles e información sobre descuentos tanto en formato impreso como electrónico, póngase en contacto con revertemanagement@reverte.com o llame al teléfono (+34) 93 419 33 36.

**Cómo mantener una conversación difícil**
**SERIE MANAGEMENT EN 20 MINUTOS**
Difficult Conversations
20 MINUTE MANAGER SERIES

Copyright 2016 Harvard Business School Publishing Corporation
*All rights reserved.*

© **Editorial Reverté, S. A., 2021, 2022, 2023, 2025**
Loreto 13-15, Local B. 08029 Barcelona – España
revertemanagement@reverte.com

5ª impresión: enero 2025

Edición en papel
ISBN: 978-84-17963-35-4

Edición ebook
ISBN: 978-84-291-9651-1 (ePub)
ISBN: 978-84-291-9652-8 (PDF)

Editores: Ariela Rodríguez / Ramón Reverté
Coordinación editorial y maquetación: Patricia Reverté
Traducción: Genís Monrabà Bueno
Revisión de textos: Mª del Carmen García Fernández

La reproducción total o parcial de esta obra, por cualquier medio o procedimiento, comprendidos la reprografía y el tratamiento informático, queda rigurosamente prohibida, salvo excepción prevista en la ley. Asimismo queda prohibida la distribución de ejemplares mediante alquiler o préstamo público, la comunicación pública y la transformación de cualquier parte de esta publicación sin la previa autorización de los titulares de la propiedad intelectual y de la Editorial.

Impreso en España – *Printed in Spain*
Depósito legal: B 17295-2021

Impresión: Liberdúplex
Barcelona – España

\# 65

# Introducción

¿Estás evitando una conversación delicada? Quizá alguien te trata de forma injusta o crees que no te comprende. Tal vez choquen vuestras personalidades o tengáis objetivos contrapuestos. También es posible que debas comunicar malas noticias y temas la reacción de la otra persona. Sea cual sea tu situación, necesitas afrontarla para seguir adelante. Este libro te ayudará a desarrollar las habilidades necesarias para convertir una conversación complicada en un diálogo productivo. Y, además, aprenderás a:

- Entender por qué algunas conversaciones son complejas.

- Hallar la raíz del problema.

### Introducción

- Identificar y gestionar las emociones que surgen en la conversación.

- Contemplar el panorama general para hallar más soluciones.

- Formular el problema de modo que tu interlocutor lo entienda.

- Escuchar de forma activa y responder con empatía.

- Ser flexible y gestionar los imprevistos.

- Encontrar puntos de acuerdo.

- Desarrollar estas nuevas habilidades para aplicarlas en tu próxima conversación difícil.

# Contenido

## ¿Por qué una conversación puede ser difícil?  **1**

*Conflicto de intereses  5*

*Diferentes estilos personales  6*

*Falta de confianza  9*

*Distintos puntos de vista  10*

*Emociones fuertes  11*

## Piensa en ello  **15**

*¿Debes actuar?  18*

*¿Cuándo es oportuno tener una conversación?  23*

**Contenido**

## Prepárate para mantener una conversación    **29**

*Analiza los hechos y tus impresiones  33*

*Escucha tus emociones  35*

*Reconoce que eres parte del problema  39*

*Identifica los posibles resultados positivos  41*

*Desarrolla una estrategia, no un guion  43*

## Cómo dirigir la conversación    **47**

*Agradece la oportunidad de hablar
con la otra persona  51*

*Define el problema  53*

*Pregunta y escucha las respuestas  56*

*Busca puntos en común  61*

*Adáptate y reorganízate  62*

*Fija algunos compromisos  67*

## ¿Cuál es el siguiente paso?    **69**

*¿Qué tal lo has hecho?  72*

*Apunta tus impresiones  74*

*Seguimiento por escrito  77*

*Cumple los compromisos  79*

Contenido

## Conviértete en un mejor comunicador 83

*Piensa antes de hablar* 86

*Conecta con los demás* 88

*Escucha antes de hablar* 89

*Habla claro* 90

*Genera un flujo de feedback* 92

*Afronta los problemas abiertamente* 94

*Para saber más* 97

*Fuentes* 101

*Índice* 105

# Cómo mantener una conversación difícil

# ¿Por qué una conversación puede ser difícil?

# ¿Por qué una conversación puede ser difícil?

Sabes muy bien de lo que hablo; de ese nudo en el estómago y ese malestar que te nubla la mente. Estás evitando una conversación que sabes que será espinosa. Tal vez temas enfrentarte en público con un colega para pedirle que deje de interrumpir en las reuniones de equipo; o quizá no sepas cómo decirle a un subordinado que no ves que se comprometa; puede que quieras solicitar un ascenso; o, simplemente, has intentado dar tu opinión sobre un asunto sencillo y no has sabido cómo.

Cuando tienes un problema, la gente suele decir que has de «hablar de ello». Sin embargo, nadie te explica cómo hacerlo. Este libro te ayudará a salir de esa

## Cómo mantener una conversación difícil

parálisis y pasar a la acción empleando las palabras y las estrategias correctas para expresar tu opinión.

Cuando trabajamos, lo habitual es que nos concentremos en las tareas: asumir responsabilidades, cumplir objetivos o conseguir un aumento. No obstante, la vida interior, es decir, los objetivos, necesidades, aspiraciones y temores propios, influyen en todo lo que hacemos. En ocasiones, la agenda laboral («necesito ese plan de producción para mañana») y la emocional («la actitud evasiva del director de producción me hizo quedar fatal en la reunión») chocan con las de ciertos colegas. Y así es como surgen los malentendidos o los conflictos. Pero en última instancia depende de ti que esos desacuerdos afecten a tu trabajo o desemboquen en conversaciones que aporten ideas valiosas y soluciones creativas.

Una conversación difícil es aquella en la que tu interlocutor tiene un punto de vista distinto al tuyo; donde una de las partes (incluso ambas) se muestra insegura y parece que haya mucho en juego. Tanto si tienes que dar *feedback* negativo a un subordinado como si crees que alguien te rechaza o malinterpreta, estas situaciones resultan inquietantes incluso para los buenos comunicadores.

Por eso, llegar a la raíz del problema te ayudará a gestionar la conversación de forma más productiva. Veamos algunos factores que pueden dar lugar a una conversación de este tipo.

## Conflicto de intereses

Tu cargo en la empresa repercute de forma directa en tus objetivos. Por ejemplo, si diriges el departamento de marketing y os encargáis de renovar un producto, lo más probable es que tu prioridad sea cumplir con los plazos de lanzamiento. En cambio, tu colega del departamento de producción se centra más bien en los requerimientos de diseño. Es obvio que para sacar algo al mercado con éxito es necesario garantizar tanto la calidad como el respeto a los tiempos. No obstante, a veces estas dos prioridades entran, por naturaleza, en conflicto. Y tal

Cómo mantener una conversación difícil

vez te resulte complicado gestionarlas porque cada cual se atrinchera enseguida en su posición («Tenemos que mejorar la calidad», o bien «Tenemos que reducir los costes un 5 %»). Además, a veces los intereses de cada miembro del equipo pueden desequilibrar un proyecto cuando ciertos factores externos, como los compromisos familiares o los problemas de salud, entran en conflicto con el trabajo. Por tanto, ser consciente de lo que afecta a la situación de cada persona permite hallar distintas posibilidades de ajustar esos intereses.

## Diferentes estilos personales

Te consideras una persona trabajadora, que no se anda con rodeos y se limita a cumplir con sus obligaciones; sin misterios ni dramas. En cambio, tu colega es alguien muy hablador; hace muchas preguntas, piensa en voz alta y suele fijarse en los resultados negativos de todo. En general, vuestros estilos conviven sin problemas, pero se acerca una fecha de entrega y el proyecto que tenéis entre manos parece atascado. ¿Cómo puedes convencerle para

## ¿Por qué una conversación puede ser difícil?

que explore nuevas posibilidades? ¿Cómo darle una inyección de motivación para que asuma otro punto de vista y terminéis el trabajo?

Colaborar con alguien cuya personalidad, estilo comunicativo o de trabajo, o experiencia vital es muy diferente al propio puede estimular la creatividad, si bien, del mismo modo, es probable que cause tensiones o malentendidos. Y es que puede ser que lo que a alguien le parece evidente ni siquiera se le haya pasado por la cabeza al otro.

Por tanto, cuanta más información tengas sobre la forma de trabajar de tu equipo, más consciente serás de las diferencias entre tú y tu interlocutor. En la Tabla 1, «Ejemplos de distintos estilos laborales», se muestra cómo la comprensión de los rasgos propios y ajenos os ayudará a trabajar juntos a pesar de vuestras diferencias.

Más adelante veremos cómo puedes usar tu conocimiento sobre el estilo personal para decidir si quieres plantear una conversación; y, si esta es pertinente, cómo prepararla y llevarla a cabo con éxito. Pero no te confundas: no estamos sugiriendo que cambies tus preferencias o las de tu interlocutor. Aun así, llegado el caso, si

# Cómo mantener una conversación difícil

**TABLA 1**

## Ejemplos de distintos estilos laborales

| Rasgos | Tú | Tu compañero |
| --- | --- | --- |
| Tipo de personalidad | Eres una persona introvertida y reservada. Prefieres trabajar por tu cuenta. | Es alguien extrovertido. Le gusta trabajar y discutir todos los temas en equipo. |
| Estilo comunicativo | Te sientes bien expresando tus sentimientos. Prefieres el correo electrónico a las entrevistas cara a cara. | Es muy hablador y hace muchas preguntas. Prefiere las reuniones. |
| Estilo de trabajo | Tienes un carácter metódico. Para ti, todos los detalles son importantes. | Le gusta contemplar el panorama general y avanzar con rapidez. |
| Experiencia vital | Cuentas con muchos años de experiencia y ciertas «cicatrices». | No lleva mucho tiempo en la empresa e intenta destacar. |
| Valores personales | Te preocupas por la calidad y la integridad. | Prefiere centrarse en la innovación y la acción. |

descubres que a un colega extrovertido le encantan las reuniones, mientras que tú prefieres trabajar a solas, te daremos las herramientas para que, por ejemplo, tú te encargues de tomar notas en la reunión o le envíes antes una lista preliminar de ideas para que ambos participéis en la tarea de forma productiva.

## Falta de confianza

Tratar un tema sensible o trabajar a diario con alguien es un asunto delicado, y es probable que lo sea aún más si no tenéis confianza.

Con frecuencia, el estilo de trabajo afecta a la habilidad para construir una relación de confianza. Si una persona quiere seguir un plan al milímetro mientras que otra pretende pasar a la acción, es muy difícil que se entiendan. Pero los pequeños gestos de respeto y preocupación por el enfoque ajeno son una buena forma de avanzar y salvar las diferencias.

La confianza implica mucho más que una personalidad compatible o una forma similar de trabajar. En general, tenemos más confianza con las personas con las que compartimos intereses y experiencias. Así, ciertos recuerdos positivos, como haber formado parte de un equipo que sacó adelante un proyecto de éxito, pueden generar confianza. Pero si las interacciones previas han sido problemáticas o tu interlocutor está en una posición de poder, es crucial que actúes con precaución. Además, las circunstancias a menudo determinan tu grado de confianza (así, una presentación en la sala de juntas es más formal y distante que una comida de equipo en un bar). Y a veces la propia situación puede hacerte sentir vulnerable y debilitar tu actitud proactiva.

## Distintos puntos de vista

Cada cual entiende los hechos de una forma. Nuestro punto de vista está determinado por las experiencias e impresiones propias, desde una única y limitada perspectiva.

Así, si tu trabajo requiere que te reúnas cada semana con un cliente, lo más probable es que tu visión de un proyecto esté determinada por el cumplimiento de los plazos con ese cliente; en cambio, si otro miembro del equipo se encarga de desarrollar el producto, su perspectiva se verá afectada por el cumplimiento de requisitos o la resolución de errores. Por lo tanto, es posible que no sepas cuál es la visión de los «hechos» de tu colega. Y, si no existe una comunicación fluida, es muy probable que saquéis conclusiones precipitadas sobre las acciones ajenas. En definitiva, tomarte el tiempo necesario para reflexionar sobre los puntos de vista de la otra persona te ayudará a prepararte para una conversación difícil.

## Emociones fuertes

Tus emociones nunca andan muy lejos de la superficie: el miedo, la ira, la ansiedad o la vergüenza suelen estar presentes en las conversaciones laborales complicadas. Si sientes que te atacan o crees que alguien pretende aprovecharse de ti o dañar tu reputación, tu respuesta natural será huir o enfrentarte a esa persona. Del mismo modo, si debes comunicar malas noticias, como una evaluación negativa de rendimiento o el incumplimiento de un plazo, ten cuidado con la posible reacción de tu interlocutor. Sea cual sea el caso, tanto una respuesta de evitación como una de enfrentamiento directo te impiden dar un paso atrás y responder a las amenazas con calma. Pero si eres consciente de tus emociones, entonces

# Cómo mantener una conversación difícil

podrás empezar a gestionarlas. Asimismo, si analizas cómo las de la otra persona afectan a sus respuestas, serás capaz de tenerlo en cuenta al proponer soluciones.

. . .

Ya hemos visto que los distintos intereses, estilos laborales y puntos de vista (así como la falta de confianza mutua) entorpecen la comunicación. Pero la buena noticia es que, tanto si se trata de un nuevo directivo, de un miembro clave de tu equipo o de un consultor externo, es posible mejorar vuestra relación si consigues generar una comunicación eficaz. De este modo, evitarás duplicar esfuerzos o trabajar con objetivos contrapuestos. Si logras que os comuniquéis de manera adecuada podrás encajar los objetivos de tu equipo y tus clientes; y, además, aumentará tu confianza.

Para ello, este libro será tu guía. En él te ofrecemos las herramientas necesarias para comprender y superar todos los posibles contratiempos que surgen en una conversación complicada, y te ayudaremos a desarrollar y poner en práctica las habilidades necesarias para coordinar un equipo. En el capítulo siguiente veremos cuándo

## ¿Por qué una conversación puede ser difícil?

hay que tener una conversación y cómo sacar partido de los retos. Luego, en la parte central, explicamos los pasos a seguir para mantener una conversación eficaz: prepararla a fondo, llevarla a cabo de forma consciente y actuar según lo acordado. Por último, expondremos cómo desarrollar ciertas habilidades de comunicación proactiva para forjar relaciones transparentes y productivas en el futuro. A lo largo del proceso, te ofreceremos algunos ejemplos ficticios de interacciones complicadas, evaluaremos lo que está sucediendo ahí y exploraremos cómo cambiar la dinámica (y el resultado) para que sepas desenvolverte con éxito en una conversación difícil.

# Piensa en ello

# Piensa en ello

Con independencia de los factores que hacen que una conversación se complique, puedes desarrollar estrategias y habilidades que te ayuden a afrontarla. Tal vez creas que el problema es la otra persona, pero para empezar a resolverlo tendrás que dar tú el primer paso. Y, para ello, has de pensar en esa situación de forma distinta.

En este capítulo nos centraremos en el trabajo de introspección que debes llevar a cabo antes de interactuar con otra persona. Esto implica valorar si en realidad una conversación puede solventar el problema; y, en caso afirmativo, planificar los siguientes pasos para que ese intercambio sea productivo.

## ¿Debes actuar?

La mayoría de la gente prefiere ignorar los problemas en vez de afrontarlos. Al fin y al cabo, ¿por qué provocar una discusión o dañar una relación o la propia reputación? Obviamente, si el problema no afecta al trabajo, entonces tiene más sentido dejarlo pasar. Sin embargo, si te quedas dándole vueltas a un comentario despectivo o a por qué tu colega acaparó el protagonismo en una reunión, lo más probable es que acabe alterándote y repercutiendo en tu labor. Porque si te distraes demasiado en una reunión y no eres capaz de asimilar toda la información ni de participar en el debate, eso significa que tus preocupaciones están desviando la atención de tu trabajo.

### *Cómo tomar una decisión*

¿Cómo puedes saber con seguridad que vale la pena plantear una conversación? Los problemas laborales suelen ocultar muchas «zonas grises»: se empieza con

**Piensa en ello**

un punto de discordia y luego aparecen otras «capas», como la jerarquía, las responsabilidades, los objetivos, la frecuencia de la interacción, etc. ¿Deberías hacer una crítica constructiva a un miembro de tu equipo si este va a cambiar de departamento o a trabajar con otro jefe? Probablemente no. Sin embargo, en ocasiones es la otra persona quien toma la iniciativa y abre el debate. En cualquier caso, cuando tengas la oportunidad de contemplar una situación complicada y de sopesar cómo abordarla, pregúntate:

- ¿Solucionar este problema repercute de forma directa en mi trabajo a corto o largo plazo?

- ¿Esta situación afecta a un subordinado o a mi superior?

- ¿La relación con esta persona será breve (si estáis colaborando de forma puntual en un proyecto) o puede prolongarse (es decir, si se trata de mi jefe o de alguien con quien trabajo de forma habitual)?

# Cómo mantener una conversación difícil

- ¿Qué importancia tiene, para mí y para la empresa, mejorar la relación o la situación?

- ¿El problema afecta a mi capacidad de concentración o a mis ganas de ir a trabajar cada día?

- ¿Esta situación implica a otros colegas o clientes?

Aunque las respuestas a estas preguntas indiquen que el tema es puntual o que en realidad no interactúas de manera frecuente con la persona en cuestión, todo puede cambiar en cualquier momento. Es decir, quizá olvidarte del problema sea una solución a corto plazo, pero también es posible que más adelante tengas que tomar cartas en el asunto.

### No evites una conversación solo porque parezca complicada

En ocasiones, tu trabajo de introspección dará lugar a resultados contradictorios; como cuando sabes que debes abordar el problema, pero te falta valor. No te preocupes; a pesar de saber que es relevante, evitar una conversación es una reacción muy natural.

Imagina que el proyecto en el que estás trabajando se pasa del presupuesto inicial. Es muy probable que quieras retrasar el momento de dar esa mala noticia a tu responsable, básicamente porque no le va a gustar y se acabará enterando de todos modos. Pero, si recapacitas, descubrirás que quieres que confíe en ti para gestionar de manera adecuada las crisis y te darás cuenta de que, aunque no sea fácil comunicárselo, es mucho mejor que sepa lo que ocurre: tras la decepción inicial podréis cooperar para buscar soluciones y limitar los daños. (Ver la Tabla 2, «Malas razones para evitar una conversación difícil y algunas soluciones»).

## Cómo mantener una conversación difícil

TABLA 2

## Malas razones para evitar una conversación difícil y algunas soluciones

| Razón | Acción |
|---|---|
| Tienes miedo al conflicto. | Reconoce que los conflictos, aunque puedan ser incómodos, son inevitables y forman parte de tu trabajo. Saber lo que ocurre bajo la superficie puede facilitar que te centres en el origen del problema y reducir tu malestar. |
| Niegas que exista un problema. | Piensa en tus relaciones laborales. Fíjate en cuáles parecen tensas, frustrantes o improductivas, y reflexiona sobre cómo esos factores negativos te impiden hacer bien tu trabajo y colaborar de forma eficaz con otras personas. |
| Tienes la seguridad de que la otra persona no va a cambiar. | Tu objetivo no es cambiar a nadie ni buscar culpables, sino mejorar tus interacciones. Y puedes hacerlo cambiando tu mentalidad y tu conducta. |
| Crees que eres capaz de arreglarlo por tu cuenta. | Valora si los beneficios de una conversación superan los riesgos de abordar el problema en solitario. Y, si es así, prepárate para tener esa conversación. En caso contrario, mantente a la espera y observa cómo evoluciona la relación; es posible que más adelante tengas que revisar tu enfoque. |
| Crees que el problema se resolverá por sí solo. | La mayoría de los problemas no desaparecen sin más. Al contrario, si se ignoran pueden empeorar. Y si planteas una conversación de manera adecuada lo más seguro es que encuentres una solución. |

## ¿Cuándo es oportuno tener una conversación?

Si tras reflexionarlo decides que es conveniente plantear una conversación, es el momento de esforzarte para desarrollar una mentalidad productiva. Y para ello, en primer lugar, debes analizar tus emociones.

### *Identifica y expresa tus emociones*

A raíz de una innovadora investigación, el psicólogo Daniel Goleman señaló que la «inteligencia emocional» es la clave del éxito laboral. La inteligencia emocional es la capacidad para percibir y responder a una relación o situación. En este sentido, la comprensión de tu mundo interior (y el de tus colegas) te ayudará a construir interacciones más positivas, lo que incluye la capacidad para mantener conversaciones delicadas.

Según Goleman, el primer paso para desarrollar la inteligencia emocional es la autoconciencia. Y es que ¿cómo podrías cambiar tu forma de interactuar con otras personas si no comprendes tus sentimientos o lo que es clave para tu autoimagen? El concepto de autoimagen se refiere al conjunto de rasgos que crees que te definen. Si nunca has pensado en ello, no podrás reaccionar si alguna vez esa autoimagen se ve amenazada. Por ejemplo, si crees que el núcleo de tu identidad es la búsqueda de la excelencia, es probable que seas más sensible a situaciones en las que se te advierte de un error o un descuido en el trabajo. «Mi jefe me devolvió el informe repleto de correcciones. Cree que soy un incompetente». En una situación así reaccionas con dureza porque tu necesidad de que te valoren y respeten es la base de tu autoimagen.

Imagínate que has discutido con una compañera de tu equipo, Andrea, sobre cómo y cuándo entregar las actualizaciones del proyecto a un cliente. ¿Es posible que, además del desacuerdo sobre ese asunto en particular, experimentes cierta amenaza porque ella tiene un MBA y tú no? Si verbalizas tus emociones, perderán intensidad: «Siento celos de Andrea porque tiene un MBA y suele usar palabras rimbombantes para dar su punto de vista. Yo no puedo citar investigaciones o estudios de caso, pero sé que mi profundo conocimiento de los clientes y las horas que he pasado respondiendo a sus consultas son de gran ayuda. Aun así, me siento muy inseguro y me da vergüenza hacer valer mi opinión».

Es posible que expresar tus sentimientos no te salga de forma natural. Si volvemos a lo que comentamos en el primer capítulo sobre los estilos personales, es evidente que hay gente que se siente más cómoda que otra exteriorizando sus emociones. Si eres de los que tienen dificultades en este sentido, detente un momento y analiza si eso te impide abordar las situaciones de una forma productiva. A veces es útil poner tus emociones por escrito, sobre todo si tienes a la vuelta de la esquina una conversación espinosa. Además, con frecuencia una emoción fácil de identificar (enfado, tristeza, decepción) enmascara otras más complejas. Por ejemplo, en un primer momento puedes pensar que te ha molestado una reacción inoportuna de alguien, pero al reflexionar identificas algo

**Cómo mantener una conversación difícil**

más: ¿vergüenza?, ¿tal vez traición? O quizá creías haberte enfadado porque no te seleccionaron para asistir a esa convención, pero, en realidad, ¿es posible que hayas ido más allá y eso afecte a tu autoestima?

Una vez que identifiques las emociones (o las capas que las recubren) que influyen en tus interacciones, serás más consciente de ellas cuando surjan y podrás tomar cierta distancia. Por ejemplo, si te acaban de ascender a la jefatura de equipo, seguro que sientes agradecimiento y cierto orgullo; pero también es posible que la situación te haya generado incomodidad con tus antiguos colegas, porque tu ascenso cambia las relaciones de poder. Ahora quizá evitas pasar tiempo con ellos en los descansos o crees que te rehúyen. Es decir, un ascenso también puede generar inseguridad. ¿Tienes de verdad la preparación necesaria para el nuevo puesto? ¿Tus antiguos colegas te consideran un impostor? La búsqueda de patrones en tus reacciones te permitirá ser más consciente de tus debilidades. En este sentido, ciertas personas o situaciones pueden provocarte emociones intensas porque amenazan tu autoimagen. Cuando empieces a entender esas reacciones y a reconocer que son propias de la naturaleza humana podrás comenzar a desarrollar habilidades y estrategias para mantener el equilibrio cuando te enfrentes a esas personas o situaciones. Y, como resultado, las conversaciones *a priori* complicadas serán más sencillas y productivas.

Una vez que hayas expresado cómo te sientes ante una situación y hayas explorado las complejas emociones que subyacen a tu reacción, serás capaz de entender qué puede haber nublado tu juicio. Pero no actúes con demasiada severidad y acepta que tú, como cualquiera, tienes defectos. Esto te ayudará a superar tus reacciones instintivas (como esa tan típica de «yo tengo razón, los demás están equivocados») y a abrirte a nuevas posibilidades.

## Toma la iniciativa

Para una conversación son indispensables al menos dos personas. Por eso parece un error creer que una sola puede cambiar su curso; pero en realidad esto es absolutamente cierto. Por muy tóxica que parezca una relación, siendo disciplinados y conscientes, cualquiera de las partes puede modificar su propio comportamiento. Al cambiar tu propia mentalidad, aumentarás las probabilidades de que la conversación sea constructiva, incluso si hay que dar malas noticias. Una vez que empieces a analizar tus emociones y pensamientos cotidianos notarás que tu percepción de los problemas cambia por completo; y, en lugar de ser víctima de las circunstancias, te convertirás en agente de cambio.

Hasta ahora todo tu trabajo ha sido introspectivo: comprender la raíz del problema y las capas de emociones que experimentas. En el próximo capítulo veremos cómo puedes ampliar el foco para aportar tus sentimientos a una conversación. Así aprenderás a planificarla para que satisfaga tus necesidades, las de la otra persona y las de la empresa.

# Prepárate para mantener una conversación

# Prepárate para mantener una conversación

Ahora que has decidido tener esa conversación y has considerado los factores emocionales que podrían entrar en juego, ¿qué pasos debes seguir para garantizar que la interacción sea productiva? Es evidente que no puedes saber qué dirá tu interlocutor, pero tomarte un tiempo para pensar en ello puede marcar la diferencia entre perder la calma y mantener la concentración para alcanzar un acuerdo. En otras palabras: el éxito de una conversación suele depender de lo bien que la prepares. Y esta preparación implica, sobre todo, que conozcas tu estado de ánimo y que seas capaz de pensar cómo abordar la situación.

**Cómo mantener una conversación difícil**

Liam lleva muchos años en el equipo, mientras que Shireen ha sido contratada hace poco. En su primera reunión, Shireen se las arregla para convertir una simple presentación en una larga exposición de sus logros profesionales. Poco después, un compañero la oye atribuirse el mérito de todo el equipo. Por eso, tras unos meses trabajando juntos, Liam tiene los nervios de punta. Aunque la nueva nunca se dirige a él, Liam se cree en la obligación de defender sus propios méritos y los de su equipo, y lo hace enviando correos electrónicos a los directivos para justificar la responsabilidad de todos en el éxito del proyecto. Por otra parte, sabe que tendrá que seguir trabajando con Shireen: no solo están en el mismo departamento, sino que comparten espacio y sus segmentos de mercado se solapan. De hecho, Liam cree que Shireen anda husmeando en su lista de clientes. Así que piensa que ha llegado el momento de tener una conversación con ella. Pero ¿cómo debe actuar? ¿Qué debería decirle?

## *Analiza los hechos y tus impresiones*

Antes de entablar una conversación, que es algo bidireccional, para interpretar los hechos solo contamos con nuestros propios pensamientos y observaciones. Y el primer paso para que esa conversación sea productiva es revisar toda la información pertinente. Porque es posible que lo que tú consideras un problema sea algo sin importancia para tu interlocutor.

Por eso, pregúntate:

- ¿Existe algún factor clave del que no tengo información?

- ¿Mi experiencia puede estar influyendo en mi interpretación de los hechos?

- ¿Estoy haciendo suposiciones negativas e injustificadas sobre los motivos de la otra persona?

## Cómo mantener una conversación difícil

Shireen está sacando de quicio a Liam. ¿Por qué? Él puede utilizar estas preguntas para analizar su punto de vista. ¿Es solo que le molesta su actitud pedante? ¿Acaso Shireen está superando sus objetivos de ventas y hace que el resto del equipo quede mal? ¿O existe un riesgo real de que ella le quite clientes? Mientras evalúa la realidad, Liam también debería compartir su punto de vista con alguien neutral, porque es posible que sus impresiones estén distorsionadas o exagere.

También debería preguntarse qué puede estar provocando el comportamiento de Shireen. ¿Quizá su jefe le ha marcado unos objetivos muy exigentes estos tres primeros meses? ¿Qué piensa del departamento? ¿A lo mejor vio que Liam estaba muy unido al equipo y creyó que debía causarle una gran impresión? ¿Y qué piensa de él? ¿Que es el líder natural del grupo? ¿Que es distante e inaccesible? A medida que Liam imagina distintos escenarios, su visión del problema gana en perspectiva.

Así, tras revisar los hechos y analizar sus impresiones, Liam podrá marcarse un objetivo para la conversación.

Desde luego, modificar el comportamiento de Shireen (que él considera demasiado ambicioso) queda fuera de toda lógica; en cambio, hallar una manera de aliviar la tensión, conocerse mejor y colaborar de una forma más eficaz sí está a su alcance.

Cada individuo vive las situaciones desde su propia perspectiva. Por tanto, si reconoces que en una conversación delicada los puntos de vista y los hechos son distintos para cada parte, podrás conocer y reconciliar vuestras opiniones y orientar el debate de una forma aceptable para todos.

## Escucha tus emociones

Para empezar a gestionar las intensas emociones que es probable que experimentes durante una situación interpersonal compleja, en primer lugar reconoce que esta no solo es tensa para ti, sino que también puede serlo para tu interlocutor.

En el caso de Liam, su problema con el comportamiento de Shireen está afectando a su rendimiento, porque no deja de darle vueltas al tema y el trabajo se le acumula. Por eso necesita comprender de qué manera sus emociones están interviniendo. Estos son algunos aspectos a tener en cuenta:

## ¿Se ve amenazada mi autoimagen?

Al principio de este libro hemos aprendido la importancia de entender lo que es fundamental para la propia identidad. Cuando preparas una conversación complicada, una de las primeras cosas que debes hacer es detectar si tu autoimagen está en peligro.

Es posible que Liam sienta que el comportamiento de Shireen es irritante y escapa a su control, como el zumbido de un insecto revoloteando a su alrededor. Pero quizá sea algo más profundo. Al reflexionar, Liam siente que, pese a que él ha trabajado durante meses para cumplir sus objetivos, en cuanto contrataron a Shireen ella se convirtió en el centro de atención. ¡No es justo! Liam sabe que una parte esencial de su autoimagen es sentirse competente; quiere que lo valoren por su fiabilidad y constancia. Y cuando oye a Shireen alardear de sus éxitos y buscar la admiración de los demás se siente incompetente e infravalorado.

### ¿Qué pasa con las emociones de mi interlocutor?

Cuando te preparas para este tipo de conversación es básico pensar también qué siente la otra persona. ¿Es posible que la arrogancia de Shireen esté tapando alguna inseguridad? ¿Se siente sola porque ha llegado a un grupo consolidado en el que no se comparte información sobre los clientes de cada cual? Ahora Liam se percata de que, después de las reuniones, Shireen parece incómoda y habla demasiado. Quizá en realidad no está tan segura de sí misma. Intentar comprender el punto de vista de tu interlocutor te permite desarrollar la empatía necesaria para tener una conversación exitosa.

## ¿Qué sentimientos puede provocar la conversación?

Cuando las emociones están a flor de piel solemos pensar que cualquier interacción es como un campo de batalla donde una parte vence y la otra sale derrotada. Todo lo que dice la otra persona parece un ataque personal, y si no contratacas parece que te estés rindiendo.

Esta actitud absurda en realidad limita nuestras opciones y solo ofrece beneficios a corto plazo. Si, por ejemplo, Shireen explota y dice: «Mi primera reunión parecía un juicio sumarísimo. Nadie me sonreía y tú, en concreto, no dejaste de mirarme». Y si Liam responde: «¡Eso es una tontería! Fuiste tú quien se comportaba como si fuera el día de tu coronación. Te distanciaste de todos en apenas cinco minutos». En un caso así, la conversación estaría rota. Por tanto, sería mejor que Liam se preparara pensando que las intervenciones de Shireen no son un ataque personal. Si es capaz de no picar el anzuelo cuando ella suelte algún argumento polémico, así como de reducir su inseguridad, entonces será capaz de generar un ambiente propicio para encontrar una solución.

## Reconoce que eres parte del problema

Una vez que analices con honestidad en qué medida tus pensamientos y emociones están contribuyendo a una situación potencialmente inestable, podrás mantener una conversación más calmada y moderada. Liam debería pensar por qué no compartió información de la empresa con Shireen en sus primeros días de trabajo. ¿En qué momento decidió que era su rival? ¿Cuándo empezó a evitarla y a interrumpirla si intentaba hablar en las reuniones? Quizá el entusiasmo y la aparente seguridad de Shireen sean una dura competencia para el estilo discreto y algo sarcástico de Liam. Puede que este haya decidido (de manera involuntaria) darle una lección de humildad evitándola e interrumpiéndola. Así pues, tomar conciencia de la forma en que su propio comportamiento ha contribuido a la situación puede cambiar la perspectiva de Liam y ayudarle a ver a Shireen como una persona con necesidades, sentimientos e inseguridades legítimas, en lugar de como una enemiga.

Cuando prepares la conversación es útil que elabores un esquema con los temas y emociones básicos, tal como los identificas y como imaginas que los ve tu interlocutor. En la Tabla 3 («Problemas y emociones que percibes») te ofrecemos un ejemplo para el caso de Liam.

**TABLA 3**

## Problemas y emociones que percibes

|  | Punto de vista de Liam | Punto de vista de Shireen, según Liam |
|---|---|---|
| El problema | Shireen no trabaja en equipo. Hace que me sienta mal. | Debo causar una gran impresión para reafirmarme. |
| Los sentimientos | Por debajo de mi ira estoy celoso por el éxito de Shireen y me siento amenazado por ella. | Me siento aislada e insegura porque mis nuevos compañeros son hostiles. |

## Identifica los posibles resultados positivos

Al examinar tu punto de vista y el de tu interlocutor puedes contemplar una gama más amplia de causas y posibles resultados. Ahora pregúntate qué quieres conseguir con la conversación; y especifica al máximo. Puede que tu propósito sea mejorar la relación a largo plazo, pero primero ponte objetivos para esta conversación en particular; cuanto más concretes, más probabilidades tendrás de alcanzarlos. Por otro lado, piensa en el resultado ideal, pero considera también otros que te convengan.

A continuación, trata de evaluar la realidad desde el punto de vista de la otra persona. En el caso de Liam, él pretende que Shireen acepte compartir la atención y el reconocimiento, pero una vez que tiene en cuenta las necesidades y la perspectiva de ella es capaz de ir más allá y plantear escenarios aceptables para ambos.

# Cómo mantener una conversación difícil

En definitiva, barajar los posibles resultados positivos de una conversación, como se muestra en la Tabla 4 («Dos puntos de vista, múltiples resultados»), te ayudará a definir tu perspectiva e imaginar el punto de vista de tu interlocutor.

**TABLA 4**

## Dos puntos de vista, múltiples resultados

| | **Punto de vista de Liam** | **Punto de vista de Shireen, según Liam** |
|---|---|---|
| El mejor resultado | Shireen reconoce que está acaparando el protagonismo. Acepta compartir el reconocimiento conmigo y con el equipo. | Liam reconoce que mi trabajo es valioso y que soy fundamental en el proyecto. Está de acuerdo en contribuir a mi éxito. |
| Otro posible resultado | Shireen está dispuesta a compartir información de otro cliente conmigo antes de la próxima reunión del departamento. | Organizaré reuniones informales, individuales, con los miembros del equipo para mejorar mis relaciones con ellos. |
| Otro posible resultado | Shireen está de acuerdo en que hemos empezado con mal pie. Programamos otra reunión para más adelante. | Liam ha compartido conmigo algunas inquietudes justificadas. Me gustaría volver a hablar con él para asegurarme de que sabe lo que estoy haciendo. |

## Desarrolla una estrategia, no un guion

Bien, ya has sacado a la luz los problemas básicos y las emociones que pueden surgir por ambas partes, y has decidido cuáles son tus objetivos. Ahora puedes visualizar cómo se desarrollará hipotéticamente la conversación. Para ello, plantea distintos escenarios que se ajusten a los posibles comportamientos de tu interlocutor. Si te comen los nervios, haz un simulacro frente al espejo practicando expresiones faciales neutras y un lenguaje corporal receptivo. Intenta también ensayar con un familiar o alguna otra persona imparcial para imaginar cómo actuará la otra parte. Esto te ayudará a ordenar tus ideas. (Véase «Preguntas para ayudarte a preparar la conversación»).

Ahora bien, aunque resulta fundamental prepararse, tampoco es conveniente redactar un guion, porque si tu interlocutor dice algo que se sale de él podría desestabilizarte. En vez de eso, imagina que ambas partes tenéis libertad para expresar vuestras posiciones y necesidades, y para escucharos con respeto.

## PREGUNTAS PARA AYUDARTE A PREPARAR LA CONVERSACIÓN

- ¿Qué problema pretendo resolver?

- ¿Cuál es el punto de vista de mi interlocutor?

- ¿Qué suposiciones estamos haciendo sobre la situación y sobre los demás?

- ¿Qué intereses ocultos están en juego para mí? ¿Y para mi interlocutor?

- ¿Qué sentimientos me provoca la situación? ¿Y a mi interlocutor?

- ¿Qué quiero conseguir con la conversación?

- ¿Cómo podemos resolver los posibles desacuerdos?

## Prepárate para mantener una conversación

Recuerda que el objetivo no es «ganar» esta primera batalla, sino que la conversación fluya para que la relación progrese. En el caso de Liam, debería considerar cómo plantearla y cómo gestionar las posibles respuestas de Shireen. Es decir, puede elegir temas que tratar, preguntas que hacer y algunas soluciones (beneficiosas para ambos) que proponer. En cualquier caso, debería enfocar el asunto con la mente abierta para que la relación vaya a mejor.

Así, por ejemplo, para empezar no es buena idea que Liam diga: «Oye, chica nueva, ¿nadie te ha enseñado a comportarte en el recreo?». Más bien debería decir algo neutro, del tipo: «Shireen, creo que hemos empezado con mal pie. Me gustaría hablar contigo para saber cómo podemos trabajar mejor juntos y hacer que el equipo funcione». En ese caso, es mucho más probable que ella responda: «Liam, me alegro de que hayas sacado el tema. Yo también creo que nuestra relación es un poco tensa. Hablémoslo».

Ten en cuenta también el momento idóneo para iniciar la conversación: si te encuentras en tensión por algún motivo, sería mejor esperar. Porque reconocer que tus sentimientos juegan un papel clave no implica dejarte dominar por ellos. Asimismo, elige un entorno neutral, donde no os sintáis vulnerables o una parte esté en desventaja respecto a la otra.

Si sigues estos pasos, ten por seguro que habrás preparado el terreno para mantener una conversación en la que ambas partes os sintáis escuchadas y respetadas, y en la que sea posible dar con una solución. Y ahora que lo has preparado todo al detalle es momento de poner en práctica tus nuevas habilidades y conocimientos. En el siguiente capítulo veremos cómo.

# Cómo dirigir la conversación

# Cómo dirigir la conversación

Has planificado una conversación donde tanto tú como tu interlocutor podréis expresaros con libertad y esforzaros por hallar una solución. Pero ¿cómo puedes iniciarla? ¿Y cómo mantener luego el rumbo adecuado?

Aquí es donde empieza el trabajo «externo», es decir, cuando abandonas la relativa comodidad de tus pensamientos e invitas a la otra persona a que se una a la conversación. No obstante, la introspección previa también te ayudará a centrarte en los posibles resultados de esa charla.

Una conversación difícil debería desarrollarse como en el siguiente ejemplo: tú y Kate formáis parte de un equipo multidisciplinar, responsable del software de un nuevo producto. Kate está trabajando en la campaña de

**Cómo mantener una conversación difícil**

marketing y, en el último mes, te ha presionado bastante en las reuniones semanales para que acordéis los hitos del lanzamiento en redes sociales. «El cliente necesita fechas intermedias para precisar la contratación de publicidad. No podemos retrasarlo más». Ya le has explicado que cada paso depende del éxito de las pruebas de la etapa anterior. «Me comprometo a mantener la fecha de lanzamiento», dices, «pero hasta entonces tenemos que ser capaces de reaccionar a los contratiempos». La tensión entre vosotros ha ido creciendo. En la reunión de la semana pasada, ella estalló: «¡Estás saboteando la campaña de marketing! Comprométete de una vez con algunas fechas».

Por eso has decidido abordar el asunto en una conversación cara a cara con Kate. Has pensado bien cuáles son los conflictos y sus posibles puntos de vista e intereses, así como lo que esperas lograr con la conversación. Y la has invitado a tomar un café en un lugar tranquilo. Llegados a este punto, ¿cómo puedes empezar?

## Agradece la oportunidad de hablar con la otra persona

No importa cuánto te hayas preparado, siempre es arduo encontrar las palabras adecuadas para empezar una conversación. Porque tampoco puedes saber si tu interlocutor está listo para tenerla.

En cualquier caso, nunca viene mal comenzar con un simple agradecimiento a la otra persona por la oportunidad de hablar; es una prueba de que respetas su tiempo y valoras su intención de encontrar una solución. También, aunque no te salga de forma natural, es muy útil mirarle a los ojos y sonreír; una sonrisa siempre es un signo de buena voluntad.

A continuación, dile que eres consciente de sus legítimas necesidades y motivaciones, porque si no lo haces y entras de lleno en la materia es posible que la conversación tome otros derroteros que no habías planeado. Por ejemplo:

**Cómo mantener una conversación difícil**

*Tú:* «Llevo semanas queriendo hablar contigo. Tu insistencia en los plazos de entrega es francamente inaceptable. Debes darte cuenta de que tus demandas no son razonables».

*Kate:* «¿Ah, no? ¿Y a quién echarán la culpa cuando no lancemos a tiempo el producto? No tengo nada con lo que empezar a trabajar».

Este inicio ha sido un completo desastre. Kate se ha sentido atacada y de inmediato ha contratacado. Tus primeras palabras han sido las clásicas de «yo tengo razón, tú estás equivocada», y eso solo conduce a que ambas partes se atrincheren en sus posiciones.

Ahora considera este nuevo escenario:

*Tú:* «Kate, me gustaría agradecerte esta oportunidad de hablar. Soy consciente de que tienes mucho que hacer».

*Kate:* «Es verdad. Estoy a la espera del gran lanzamiento y tengo la agenda a tope. Pero parece que tienes algo importante que decirme».

Esta vez la conversación empieza con buen pie, porque el simple reconocimiento de su tiempo y esfuerzo preparan el terreno para un intercambio respetuoso.

## Define el problema

Una vez que hayas mostrado tu agradecimiento, insiste en la actitud respetuosa describiendo con rapidez el asunto a tratar desde tu perspectiva. Mientras hablas, observa el lenguaje corporal de tu interlocutor; si muestra sorpresa o decepción por algo que dices, haz una pausa para preguntarle si es que te equivocas o has interpretado algo mal. Mantén en todo momento un tono de voz neutro y un lenguaje corporal relajado: tu objetivo es generar un diálogo constructivo, no ganar puntos. Las siguientes son algunas pautas que te pueden servir para describir el problema desde tu perspectiva.

## Cómo mantener una conversación difícil

### *Usa la primera persona: «Yo...»*

Una buena estrategia es expresar tu punto de vista mediante la primera persona del singular, como muestra de que no asumes que es el único posible. Además, también hace ver a la otra parte que eres consciente de que formas parte del problema y no te limitas a echar balones fuera.

A continuación, te mostramos una forma de utilizar los enunciados en primera persona para definir el problema.

*Tú:* «Quiero hablar contigo sobre un tema que me preocupa. Se trata de la tensión entre las necesidades de flexibilidad del equipo de diseño y la de cumplir con los plazos intermedios del equipo de marketing».

*Kate:* «Estoy de acuerdo. La situación es tensa, yo también lo pienso».

### *Expresa tus sentimientos*

Explicar cómo ves el problema de forma natural te permite comunicar lo que sientes, recuerda a tu interlocutor

## Cómo dirigir la conversación

que también tú experimentas emociones fuertes y te ofrece la oportunidad de reconocer que tus reacciones son parte del problema. Para preparar la conversación has analizado tus emociones, y ahora es el momento oportuno para hablar de ello sin que te abrume.

*Tú:* «La verdad, me preocupa esta situación. Creo que la tensión entre nuestros departamentos está afectando a mi moral y a la del grupo. Quiero trabajar en equipo y entregar un buen producto. Soy consciente de no haberme "mojado" en las reuniones para fijar plazos intermedios. Pero es que si prometo algo que no puedo cumplir defraudaré a todo el mundo, y eso repercutirá de forma negativa en el diseño y en todo el proyecto. Siento que mi credibilidad está en juego».

*Kate:* «Vaya, no había pensado en eso. He estado tan ocupada y ansiosa con la campaña de marketing y las demandas de los clientes que le he perdido un poco la pista a lo que ocurre. Mi reputación también está en juego».

### *Céntrate en el problema, no en las diferencias de personalidad*

La forma más rápida de que tu interlocutor se ponga a la defensiva es tratarlo como si fuera la causa del problema. Así que lo mejor para mantener el equilibrio y evitar reacciones impulsivas es hablar del asunto sin atribuir culpas o responsabilidades. De este modo, en esa hipotética conversación con Kate habrás evitado mencionar su brusquedad y su actitud prepotente, y en cambio habrás puesto el foco en las tiranteces entre los departamentos de marketing y diseño.

## Pregunta y escucha las respuestas

Bien, hasta ahora has encontrado un tono positivo para la conversación, has definido tu visión de los problemas y expresado tus sentimientos. Ahora tienes que invitar a la otra persona a hacer lo mismo. Al pedirle su versión de la situación refuerzas el mensaje de que esa charla es

## Cómo dirigir la conversación

una oportunidad para resolver el asunto, no solo para desahogaros.

Veamos otro ejemplo sobre el papel fundamental que juega el hecho de plantear preguntas y escuchar.

Vivek es responsable de selección de personal para una gran compañía de seguros médicos. Está intentando encontrar a un ayudante para Nina, una exigente gestora de nuevas cuentas. El mercado de recién graduados es escaso y la descripción del puesto, bastante genérica. Nina ha rechazado ya una docena de currículos que Vivek le había preseleccionado. Esta mañana, ella le envió el siguiente correo electrónico: «Los nuevos clientes están esperando resultados mientras tú me llenas la bandeja de entrada de candidatos mediocres. ¿Cuándo piensas hacer bien tu trabajo?».

Vivek respira hondo. Ya ha sufrido otras veces el sarcasmo de Nina, e ignorarla siempre ha sido la mejor opción. Pero esta vez se ha pasado de la raya. ¿Cómo puede trabajar con una persona tan maleducada? No es su jefa, pero sí una directiva en ascenso y con frecuencia debe colaborar con ella. Por eso decide que deben hablarlo.

Nina, por su parte, mantiene cierta distancia con los colegas y le gusta que respeten su espacio. No es muy habladora, y mucho menos con alguien como Vivek, a quien considera un simple empleado. Cuando él le pide una breve reunión, se resiste porque lo considera una pérdida de tiempo, pero al final acepta a regañadientes.

Cuando se sientan a hablar, está claro que Vivek se ha preparado bien: comienza agradeciendo a Nina su tiempo, y ella queda impresionada por su aparente seguridad. Aun así, se pone nerviosa cuando Vivek empieza a explicar su punto de vista: «Quiero hablarte de los problemas que tengo para cubrir el puesto de tu ayudante», explica, «y de la tensión que siento que se está generando con este tema». *¿Qué problema puede tener este simple empleado cuando yo tengo un departamento entero del que preocuparme?*, piensa Nina. Pero cuando Vivek le explica que está trabajando al mismo tiempo para cubrir nueve vacantes, entonces ya logra captar su atención. Nunca había considerado que ese trabajo fuera tan exigente. Y cuando le muestra las estadísticas según las cuales el mercado laboral es el más limitado de los últimos cinco años, empieza a comprenderlo del todo.

A continuación, Vivek dice: «Nina, te he contado mis problemas y por qué me ha molestado tu correo electrónico. ¿Puedes ayudarme ahora a entender mejor cómo ves tú la situación?».

En este momento, el punto de vista de Nina ya es mucho más amplio y, por primera vez, piensa en Vivek como un profesional competente con sus propias prioridades. Ahora se siente aliviada, porque tiene la oportunidad de compartir la presión a la que está sometida. Y responde: «El problema es que me abruma la carga de trabajo que soporto, y no tengo a nadie que me ayude. Mi jefe no me da tregua. Por eso necesito que encuentres a alguien, para que nuestro departamento siga funcionando». Al observar que Vivek la escucha y asiente con la cabeza, Nina sabe que sus palabras no caerán en saco roto.

Por el momento, Vivek ha hecho un gran trabajo estableciendo una comunicación positiva con Nina: ha

## Cómo mantener una conversación difícil

preparado y presentado el problema con calma, ciñéndose a las cuestiones importantes y evitando cualquier atribución de culpa; luego, al pedirle a ella que comparta su versión de los hechos, la ha invitado a participar en la conversación en lugar de considerarla su rival. Una vez que la gestora de cuentas da su opinión, Vivek puede entenderla y hacer las preguntas adecuadas para rellenar las lagunas restantes. También muestra empatía diciéndole que entiende la presión a la que está sometida. En otras palabras, si el responsable de recursos humanos hace un esfuerzo por entender la perspectiva de su colega, lo que hace es legitimar su punto de vista; y entonces ella siente que también puede sacar provecho de la conversación.

Por otro lado, escuchar y mostrar a tu interlocutor que intentas comprender su punto de vista te permitirá obtener una información que antes no tenías. Además, es posible que se relaje y empiece a considerar nuevas posibilidades. Cuando eso ocurra, estaréis listos para explorar soluciones juntos.

## Busca puntos en común

Sabemos que a menudo el problema viene de intereses cruzados o diferentes perspectivas. Por tanto, si resaltas los puntos en común con tu interlocutor abrirás sin duda una fructífera vía de comunicación.

Vivek y Nina tienen al menos un interés común: que alguien ocupe el puesto enseguida. Para dejarlo claro, él dice sin un ápice de ironía: «Créeme, cuanto más rápido encuentre a alguien para la vacante, más feliz seré. ¡Entonces solo tendré que preocuparme por las otras ocho!». Con esto aligera la conversación y comienza a construir pequeños puentes entre ambos.

Además, señala otros puntos en común, como el cumplimiento de los objetivos trimestrales: «Mi objetivo es cubrir esos puestos, y el tuyo es conseguir cierto número de cuentas nuevas. Bien, en cualquier caso esto nos permitirá avanzar hacia nuestros respectivos objetivos». A continuación, Vivek invita a Nina a compartir sus ideas sobre la mejor manera de colaborar con el fin de encontrar a alguien para el puesto. Nina le explica con detalle el perfil del candidato que busca y hace hincapié en las funciones que tendrá que asumir. Plantea también la posibilidad de incrementar el sueldo e incluir algún tipo de complemento de desarrollo profesional. De ese modo, Vivek tendrá más posibilidades de encontrar a candidatos ambiciosos y bien cualificados.

## Adáptate y reorganízate

A pesar de una preparación cuidadosa y tus buenas intenciones, las conversaciones en la vida real rara vez se desarrollan según lo previsto. Sin ir más lejos, en cualquier momento puede sorprenderte algo que diga tu interlocutor. También es posible que tus emociones te traicionen, te confundan o te hagan reaccionar con ira o vergüenza, y eso te lleve a contratacar o salir corriendo. Pero puedes recuperar la compostura y volver al camino marcado si anticipas algunas posibles reacciones. Te ofrecemos ahora unos cuantos consejos para

**Cómo dirigir la conversación**

gestionar las situaciones más comunes que te pueden desconcertar:

- *Te enfadas durante la conversación.* A pesar de tus esfuerzos por mantener una actitud diplomática, tal vez la otra persona responda de forma agresiva. Si te dice algo así como «No esperaba mucho más de ti», quizá acabe con tu paciencia. Pero en momentos como este es mejor no morder el anzuelo. Si quieres contratacar, respira hondo y verás como la ira disminuye. Entonces serás capaz de recordar tus intenciones iniciales y recuperar el control de la conversación. Si ves que necesitas más tiempo, aplaza la charla, dile: «Ahora no es el mejor momento para seguir hablando. No creo que nada de lo que diga nos lleve a buen puerto. ¿Qué te parece si nos reunimos mañana por la mañana a la misma hora?».

- *Tu interlocutor se enfada durante la conversación.* No puedes controlar las reacciones de los demás, pero sí las tuyas. En un caso así, mantén la calma

**Cómo mantener una conversación difícil**

y habla en tono neutral: «Parece que este tema es delicado para ti. ¿Puedes ayudarme a entender por qué?». Si la otra persona es capaz de explicar su punto de vista, es probable que se vaya tranquilizando mientras lo hace. En caso contrario, pregúntale si quiere dejar la conversación para más adelante. Permite que la otra persona decida qué hacer.

- *Sientes que tu interlocutor malinterpreta tus palabras.* Sus respuestas demuestran que no te está escuchando; o bien parece haberse quedado en algo que has comentado y no es capaz de ir al origen del problema; también es posible que sienta que le has traicionado y sus emociones le impidan escucharte; o quizá no confía en ti y, por tanto, no acepta tu opinión, o no es capaz de dejar a un lado sus ideas preconcebidas sobre el asunto. En una situación como esta, admite que te preocupa no saber si estás hablando con claridad; pregúntale qué más desea saber. Para contrarrestar sus

# Cómo dirigir la conversación

prejuicios es básico que recabes tanta información como puedas y pongas todo tu empeño en comprender su punto de vista. «Creo que no estoy explicándome bien. ¿Qué más necesitas saber?».

- *No sabes cómo interpretar la reacción de tu interlocutor.* A pesar de tu cuidadosa preparación y el gran esfuerzo que has hecho para centrarte en el origen del problema, no entiendes del todo sus reacciones. Puede que sea una persona demasiada tímida y no puedas captar sus señales. O tal vez muestra un tono demasiado conciliador que no te acabas de creer. La solución es que hagas más preguntas y atiendas a sus respuestas. Algo así como: «Intento comprender tu punto de vista, pero creo que todavía no lo tengo claro. Cuando te pregunté sobre los detalles de la vacante me dijiste que te daba la sensación de que no lo entendía. ¿Puedes concretar más?». Ten claro que mantener el diálogo es la única forma de solucionar el problema.

# Cómo mantener una conversación difícil

- *Tu interlocutor se atrinchera.* Si intentas buscar una solución, pero crees que la otra persona piensa que su punto de vista es el único válido, coméntale que su postura es legítima y pregúntale cómo cree que podría mejorar la situación. Luego vuelve a los puntos en común. Esto último es clave, porque le permitirá considerar que sois capaces de hallar una solución creativa. Si, por ejemplo, estáis haciendo una investigación de mercado sobre un nuevo producto y el responsable insiste en que los grupos focales son una pérdida de tiempo y dinero, puedes decirle: «Antes me comentaste que los dos últimos grupos focales no proporcionaron datos útiles. ¿Tal vez podríamos recabar más información si añadimos un grupo de control?». También puedes buscar una salida ofreciendo algo a cambio: «Dijiste que no cumpliremos los plazos porque necesitamos una tercera ronda de pruebas. A lo mejor ahorraríamos un par de semanas si hiciésemos los dos últimos grupos focales a la vez».

Por supuesto, durante una conversación pueden surgir imprevistos; es más, seguro que surgirán. Pero en ese momento es fundamental que no pierdas la calma. Cada dificultad es una oportunidad para poner en práctica tus habilidades. Usa tu presencia de ánimo y la flexibilidad que has aprendido para mantenerte neutral y no «bajar al barro».

## Fija algunos compromisos

Seguramente durante la conversación descubras distintas opciones para avanzar. Ahora es el momento de analizar cuáles son las más adecuadas y llegar a acuerdos con tu interlocutor. Piensa que las soluciones pueden variar de manera considerable según las circunstancias: algunos problemas son tan complejos que lo único que puedes esperar de una primera conversación es el compromiso de hablar otra vez. Podrías decir algo así: «Creo que hemos tenido una buena charla. Me gustaría darle una vuelta a lo que

**Cómo mantener una conversación difícil**

hemos discutido y hablar de nuevo en unos días. ¿Te parece bien?».

A veces se puede hacer más: «Podemos compartir actualizaciones quincenales para asegurarnos de que estamos mostrando al cliente un frente unido». Si puedes terminar la conversación con el compromiso mutuo de dar el siguiente paso, eso en sí ya es un gran avance. Por eso necesitas ratificar ese avance respetando los pasos que hayáis acordado dar.

# ¿Cuál es el siguiente paso?

# ¿Cuál es el siguiente paso?

Has logrado sacar adelante una conversación difícil! ¡Enhorabuena! El tiempo y el esfuerzo dedicados a prepararla han valido la pena. Has evitado las posibles trampas, has mantenido un tono constructivo y habéis acordado los siguientes pasos. Y, con un poco de suerte, tu interlocutor compartirá esa esperanza. Pero no has terminado. Puede que la conversación llegara a su fin antes de negociar el plan de acción; o quizá creas que no habéis tratado algunos temas importantes o que ha habido ciertas preguntas que no supiste responder de forma adecuada. Ha llegado la hora de recoger los frutos de la conversación para asegurar una relación laboral más productiva.

## ¿Qué tal lo has hecho?

Después de la conversación, cuando recapitules sobre lo sucedido, pregúntate si has alcanzado los objetivos que te marcaste al principio. ¿Cómo te sientes? ¿Experimentas cierto alivio? ¿Eres optimista sobre la futura colaboración con esta persona? ¿Crees que siente lo mismo? ¿O te sientes mal, con cierta decepción? En cualquier caso, es fundamental explorar por qué te sientes así; de lo contrario, habrás perdido la oportunidad de recabar información muy útil para la próxima conversación. A continuación, te presentamos algunas preguntas para evaluar la eficacia de ese encuentro:

- ¿Me satisface la forma en que he gestionado la conversación? ¿Me siento fuerte? ¿O tengo sensación de abatimiento, vulnerabilidad, vergüenza o incluso alivio de que haya terminado?

- ¿He logrado cumplir los objetivos y tratar los temas que me había marcado?

### ¿Cuál es el siguiente paso?

- ¿He explicado mi punto de vista con claridad y acorde con mis intenciones?

- ¿Me he comportado de forma respetuosa?

- ¿Ha cambiado mi percepción del problema o de la persona en cuestión?

- ¿He aprendido algo que ha modificado mi perspectiva de la situación?

Imagina que has pedido un aumento de sueldo a tu jefe. A pesar de haberla preparado, no ha sido una conversación sencilla, porque no has conseguido controlar el ritmo ni obtener una respuesta clara. No obstante, si a pesar de ello sales de allí con la sensación de que tu forma de gestionarla ha sido positiva, ya cuentas con una buena base de partida. Si no quedas satisfecho, todavía tienes mucho que aprender. Identifica el origen de tu decepción. Luego, vuelve a pensar en lo que harás de forma diferente la próxima vez.

## Apunta tus impresiones

Tan pronto como puedas, busca tiempo para tomar notas detalladas, pero informales, sobre la conversación. Es importante hacerlo poco después, antes de que la memoria se desvanezca y las interpretaciones se consoliden. Intenta recordar todos los detalles y anota tus impresiones, empezando por el lenguaje corporal o las partes del diálogo que recuerdes mejor. Por ejemplo:

*Me arde la frente y tengo las manos sudadas. Al principio, hablaba demasiado rápido y mi jefa evitaba el contacto ocular conmigo. Luego, ella hizo una broma y rompió el hielo. Recuerdo que utilicé los argumentos previstos para avalar mi solicitud y empecé a ganar seguridad. Pero ella no sonreía demasiado, así que la inseguridad me duró hasta el final de la conversación.*

## ¿Cuál es el siguiente paso?

Otro método muy práctico consiste en agrupar tus notas por categorías (para saber cómo documentar una charla, consulta la Tabla 5, «Notas sobre una conversación»).

Anotar tantos detalles como puedas sobre tu comportamiento y el de la otra persona te permitirá disponer de una información que de otro modo nunca habrías captado. Además, también te mantendrá en el buen camino para respetar los acuerdos que hayáis alcanzado y evitar cometer los mismos errores en conversaciones futuras. Por último, te permitirá lograr el objetivo a largo plazo de mejorar tus capacidades de comunicación, para que esta clase de conversaciones sean menos frecuentes y más sencillas de gestionar. En el próximo capítulo nos centraremos con más detalle en este asunto.

# Cómo mantener una conversación difícil

**TABLA 5**

## Notas sobre una conversación

| | Yo | Mi interlocutora |
|---|---|---|
| Lenguaje corporal | Inquieto, demasiado rígido. Mucha gestualidad en las manos. Me tranquilizo poco a poco. Intenté sonreír, pero no fue espontáneo. | Al principio, evitaba el contacto visual. Luego se relajó. Sonreía de vez en cuando. |
| Tono de voz | Alto y al principio precipitado. Poco a poco lo bajé, pero seguía hablando muy rápido. | Correcto, apenas cambió de tono. |
| Emociones | Nervioso, consciente, avergonzado. Tuve problemas para entender sus reacciones y me sentí inseguro por ello. | Parecía calmada, objetiva y un poco impaciente por acabar la conversación. |
| Descripción del problema | Probablemente, mis argumentos no eran lo bastante específicos. ¿Hice demasiado hincapié en la antigüedad y olvidé los méritos profesionales? | Habló sobre los cambios en los departamentos y los objetivos de la empresa. No respondió a mis preguntas. |
| Objetivos | Traté de focalizarme en el aumento de sueldo todo el tiempo, pero quizá perdí el hilo a partir de cierto momento. | No respondió con un sí o un no a mis demandas, pero dijo que estaba considerando las necesidades generales del departamento. |

| Preguntas hechas y olvidadas | No le pregunté sobre qué cambios departamentales estaba considerando y por qué. | Me preguntó por qué creía que merecía un aumento, pero no insistió más sobre ello. |
|---|---|---|
| Escucha | Estaba demasiado nervioso y aturullado para escuchar bien lo que decía. | Mantenía el contacto visual y parecía escucharme con atención. |
| Puntos en común | Solo tenía un objetivo en mente y me resultó muy complicado centrarme en los otros problemas que tratamos. | Me dijo que mi aumento de sueldo formaba parte de un contexto de cambios en el departamento. |
| Soluciones propuestas | Acordamos volver a reunirnos cuando ella disponga de más información. | Me dijo que contaría con más información en unas semanas. |

## Seguimiento por escrito

Hasta el momento has puesto negro sobre blanco tus impresiones sobre la conversación. Ahora compártelas con tu interlocutor. En primer lugar, agradécele su tiempo y esfuerzo. Luego menciona al menos uno de los asuntos que trató, para demostrarle que le escuchaste, y resume las acciones que acordasteis.

## Cómo mantener una conversación difícil

Esta es una fase clave de cualquier conversación. Y lo es porque quizá, aunque tú creas que tenéis el mismo plan de acción, vuestro punto de vista no sea el mismo. Por ejemplo, en el caso de la charla sobre tu aumento de sueldo, donde el resultado no fue concluyente, tal vez tengas la sensación de que tu jefa va a considerar tus demandas, mientras que ella asume que has entendido que no está dispuesta a aumentarte el sueldo, al menos por el momento. En ese caso, si le envías un correo de seguimiento explicándole tus conclusiones se incrementarán las posibilidades de que ella las confirme o intente explicarse mejor.

Así pues, prepara un resumen de los acuerdos alcanzados y pregúntale cuándo te podrá responder. Por ejemplo, algo así: «Janice, gracias por el tiempo que me has dedicado para hablar de mi aumento. Entiendo que estás analizando las funciones y las responsabilidades del equipo para cumplir con los objetivos de la empresa de cara al año que viene. Me comentaste que tendrías más información en unas semanas. ¿Es posible que me digas algo a principios de mes?». También puedes pedirle

**¿Cuál es el siguiente paso?**

una nueva reunión para saber qué más necesita de cara a considerar tu aumento de sueldo.

Si al repasar la conversación te das cuenta de que olvidaste mencionar algún asunto clave o te desviaste de tu objetivo, este es el momento de arreglarlo. Escribe un breve correo a tu interlocutor para reuniros de nuevo. Por ejemplo: «Janice, gracias por reunirte conmigo ayer para hablar de mi aumento. Revisando mis notas me he dado cuenta de que olvidamos tratar algunos temas que me gustaría que consideraras. ¿Podemos vernos otra vez cuando tengas un momento?». No temas reconocer que te ofuscaste u olvidaste mencionar algo. Lo importante es que muestres tu motivación para compartir toda la información relevante y sostener un diálogo positivo.

## Cumple los compromisos

En el mejor de los casos, la conversación ha finalizado con el acuerdo sobre una o más medidas concretas. Y del mismo modo que esperas que tu interlocutor cumpla sus

**Cómo mantener una conversación difícil**

promesas, tú debes cumplir las tuyas. Por seguir con el mismo ejemplo, si tu jefa acepta reunirse de nuevo dentro de un mes y te pide que redactes un memorando con tus méritos para justificar el aumento, asegúrate de que lo tenga en su mesa el lunes por la mañana. Argumenta tus metas. Piensa en distintas formas de incrementar tus responsabilidades y tu valor para el departamento y tu jefa. En este sentido, los actos dicen más que las palabras; esta es tu oportunidad para revelar tus méritos, reforzar tu demanda e ir allanando el camino para la próxima conversación.

Veamos otro ejemplo, una conversación en la que has analizado el rendimiento de un subordinado; en ella habrás debido especificar cómo puede mejorar, así como cuándo y cómo evaluarás su progreso. Es posible que sientas cierto alivio porque la conversación ha ido bastante bien y esa persona ha asumido el *feedback* de manera constructiva. Pero el seguimiento es tan fundamental como la conversación en sí. Si tu subordinado te pide una reunión semanal para evaluar sus avances antes de la próxima revisión trimestral, reserva tiempo para

## ¿Cuál es el siguiente paso?

ello y prepara esas reuniones para que resulten productivas. Y especifica cuanto puedas. Por ejemplo: «Alex, estoy deseando que lleguen los resultados. ¿Qué tal si tenemos una breve reunión en mi oficina todos los lunes a las once?». También, si le has pedido informes periódicos, léelos y hazle comentarios al respecto, como: «Gracias por darme información sobre esa herramienta para rastrear nuevos clientes potenciales. Espero analizar su utilidad contigo». Fija con esa persona una fecha para la próxima evaluación de rendimiento, acordad cuáles serán los criterios de éxito y transmítele tus expectativas.

Sea cual sea el contenido de vuestra conversación, si haces un seguimiento de los compromisos alcanzados y concretas tus expectativas sobre los próximos pasos, lo habrás hecho bien para tener una buena conversación y, además, habrás preparado el escenario para futuras interacciones productivas.

# Conviértete en un mejor comunicador

# Conviértete en un mejor comunicador

Se puede decir que has hecho un buen trabajo: has tomado la iniciativa para mantener una conversación espinosa, te has esforzado para que resulte bien y has efectuado un seguimiento para superar los posibles contratiempos y fortalecer la relación con tu interlocutor. Pero todavía puedes hacer más: sigue desarrollando tus nuevas habilidades y prepárate para tu próxima interacción. Comunicarse de manera adecuada significa trabajar constantemente en el autoconocimiento y en las habilidades sociales que hemos tratado a lo largo de este libro. A continuación, te presentamos algunos hábitos que pueden ayudarte a mejorar esas capacidades.

## Piensa antes de hablar

Al principio del libro hemos visto que para cambiar una situación o una relación complicada es necesario utilizar la inteligencia emocional. Y para ello resulta indispensable conocerse a uno mismo. Por tanto, acostúmbrate a preguntarte qué tipo de persona quieres ser y cómo te gustaría que te vieran los demás. Luego identifica las diferencias entre cómo quieres que te perciban y lo que en realidad dices y haces.

De acuerdo, eres alguien complejo, cuyas motivaciones, impresiones y comportamientos cambian con el tiempo y según la situación. Y, a pesar de tus buenas intenciones, la gente pocas veces percibe cómo eres de verdad. Tienes tus filtros internos y tus colegas tienen los suyos. Para superar esas sucesivas capas de interpretación, comunícate con sinceridad y reafirma tus palabras con hechos. Para llegar a ese nivel de coherencia, hazte estas sencillas preguntas con regularidad:

- ¿Quién quiero ser?

## Conviértete en un mejor comunicador

- ¿Cómo me gustaría comportarme en esta situación?

- ¿Cómo quiero que me perciban los demás?

Si te detienes a pensar cómo deseas comportarte en las situaciones complejas, aprenderás cuáles son tus valores fundamentales y es más probable que tus acciones los reflejen. Toma nota de todas las interacciones que te suponen un reto; enseguida detectarás patrones de comportamiento o malos hábitos que quieras corregir. Supongamos que te das cuenta de que con frecuencia te muestras impaciente y no respondes con educación a tu equipo en las reuniones diarias. Para tratar de solucionarlo, da un paseo rápido o toma un tentempié antes de esas reuniones, y comprueba si mejora tu estado de ánimo y, con él, tus reacciones hacia otras personas. A medida que te fijes en cómo te relacionas, comenzarás a expresarte de forma coherente más a menudo. No se trata de actuar siempre con delicadeza o expresarte de forma ideal, sino de sacar lo mejor de ti incluso en las peores situaciones.

## Conecta con los demás

Es importante que tengas claro que tu éxito profesional depende de tu habilidad para relacionarte; con tu jefe y con tu equipo, desde luego, pero también con el personal de recursos humanos, el gestor de cuentas que te proporciona los números semanales, el técnico que supervisa tus videoconferencias y el administrativo que convoca las reuniones del equipo. Da prioridad a conectar más con tus colegas. Porque si no muestras interés en alguien hasta que necesites su ayuda o su aceptación, entonces interpretará tu actitud como egoísta e interesada. En otras palabras, dedica tiempo a conocer a la gente antes de necesitarla, busca oportunidades para expresar tu agradecimiento con frecuencia y trata de hallar puntos en común: sea la jardinería, el atletismo, el fútbol o la maternidad. De este modo, mostrarás tu interés hacia los demás y fomentarás una buena relación que te será útil cuando surja cualquier problema o conflicto de intereses.

Desde luego, un elemento imprescindible para forjar una relación de confianza es la coherencia. Todo el mundo

Conviértete en un mejor comunicador

tiene días malos o momentos de tensión en los que responde de forma grosera o despectiva, y situaciones personales o familiares que afectan a su capacidad para rendir al máximo. Pero nada es más perjudicial para la confianza que un comportamiento pasivo-agresivo o los cambios de humor constantes. Admite tus arrebatos ocasionales, tus comentarios sarcásticos, y bromea sobre ello. Es la forma de que esos comportamientos no te definan ante los demás. En otras palabras, si compartes tus errores («Me he enfadado y te he gritado por haber convocado dos veces esa entrevista, lo siento») tus colegas verán que reconoces tus debilidades y no temes hacer autocrítica, y por tanto sabrán que cuando sus intereses entren en conflicto con los tuyos pondrás la justicia y la honestidad por encima de todo.

## Escucha antes de hablar

Si guardas silencio y escuchas, comprenderás más y mejor. No te obsesiones con lo que quieres decir; al contrario, baja el ritmo, escucha a los demás y observa su lenguaje corporal.

Cómo mantener una conversación difícil

A medida que tus colegas empiecen a notar que escuchas antes de lanzarte a hablar, respetarán más tus aportaciones y te escucharán más a su vez. Por eso escuchar resulta más persuasivo que hablar. Tampoco es tan extraño, si tenemos en cuenta lo importante que es para cualquiera sentirse validado; así, cuando tu colega se percate de que lo escuchas de forma activa e intentas comprender sus palabras e intenciones, es más probable que te conceda el beneficio de la duda cuando las cosas se compliquen.

## Habla claro

Solemos suponer que la gente entiende lo que decimos o hacemos, pero en realidad nadie es capaz de leer la mente ajena. Imagina que caes en la cuenta, el domingo por la noche, de que la reunión anual de la directiva es el próximo viernes y el informe debería estar en la mesa de cada miembro de la junta al menos un día antes para que tengan tiempo de revisarlo. Así que te presentas en la oficina el lunes por la mañana y le sueltas a tu equipo:

## Conviértete en un mejor comunicador

«Necesito que todo el mundo deje lo que tenga entre manos y se centre en el informe anual». Para ti, es obvio que cualquier otra actividad tiene menos prioridad. Pero para tus compañeros esa petición ha surgido de la nada; estaba trabajando cada cual en sus proyectos y ya habían planificado la semana. Además, puede que se les reclame también para otras tareas. Por eso, aunque te parezca una inutilidad y una pérdida de tiempo, lo ideal es que expongas con claridad tus objetivos al equipo; comunicarte de forma abierta te hará ganar su confianza y evitará malentendidos.

Un poco de humildad también suele ser de gran ayuda. Por ejemplo, puedes decir algo así: «Buenos días. Soy consciente de que esperar hasta el lunes por la mañana para soltar este bombazo no es la mejor forma de proceder. Pero todo el mundo debe dejar lo que tenga entre manos para que el informe anual pueda estar listo antes del miércoles». A continuación, pregunta a los miembros de tu equipo en qué estaban trabajando y busca una solución para conjugar todas las prioridades sin que el informe anual se resienta. Puedes, por ejemplo, buscar ayuda extra durante unos días o negociar una prórroga en otro proyecto. De uno u otro modo, has de obtener el apoyo necesario para alcanzar tu objetivo, pero asumiendo que es una medida extraordinaria; y no olvides ayudar al equipo a cumplir el nuevo plazo.

También es básico ser breve. La investigación en este campo demuestra que la gente pierde la concentración después de escuchar apenas cuarenta segundos. Aquí es, pues, donde la preparación marca la diferencia. Tal vez creas que se te da genial improvisar, pero lo más probable es que divagues o que el lenguaje corporal de los demás te desconcierte y te dediques a hablar sin pensar. Por lo tanto, cuando tengas que comunicar una noticia importante, sea cual sea, planifica lo que quieres decir y sé breve.

## Genera un flujo de feedback

Eres veloz y tomas atajos mentales para no atascarte a la primera de cambio; a veces modificas el rumbo y te olvidas de enviar un correo electrónico; o tomas una decisión clave con uno o dos colegas, de camino a una

## Conviértete en un mejor comunicador

reunión, dejando a los demás al margen. Si estas situaciones te resultan familiares, es hora de aprender cómo afectan a tu comportamiento y a tus relaciones. ¿Ese supuesto estilo «eficiente» tuyo quizá sea responsable de una mala comunicación?

Si pretendes asegurarte de que los demás te perciban como quieres y de que, a tu vez, captas las señales de la gente que te rodea, acostúmbrate a preguntar a otras personas sobre tu forma de comportarte. Elige a algunos colegas de confianza (tu jefe, un miembro de tu equipo, alguien de otro departamento) a quienes puedas acudir después de las presentaciones o reuniones para preguntarles: «¿Qué te ha parecido mi lenguaje corporal en la reunión de hoy? ¿El departamento de Diseño tiene algún problema con los nuevos requerimientos?». También, si estás trabajando en un proyecto concreto, es bueno que pidas opinión a los compañeros de vez en cuando. Por ejemplo: «Hemos rendido mucho en esta media hora. ¿He explicado todo lo que necesitabais saber durante la videoconferencia?». Pedir *feedback* cada poco es una forma de normalizar esa estrategia y, además, te permite detectar a tiempo errores y malentendidos, y así

Cómo mantener una conversación difícil

rectificarlos. Para ello, haz preguntas rápidas, frecuentes e informales, del tipo: «¿Qué he hecho bien? ¿Qué podría hacer mejor la próxima vez?». Al plantear estas sencillas cuestiones y aceptar las respuestas con interés y serenidad demuestras que asumes los comentarios positivos y negativos, y que tu deseo es comunicarte de la mejor manera.

## Afronta los problemas abiertamente

Las diferencias son algo muy positivo; con frecuencia estimulan la creatividad y el progreso. A medida que desarrolles los hábitos que hemos expuesto en este capítulo —analizar tus respuestas, conectar con tus colegas, escuchar de manera activa, comunicarte de forma concisa y pedir *feedback*— reducirás las probabilidades de enfrentarte a una interacción difícil. No obstante, cuando surja un problema lo mejor es que resistas la tentación de evitarlo o de suavizar temporalmente las cosas. Más bien recurre a las habilidades que has aprendido en este

## Conviértete en un mejor comunicador

libro para abordar el asunto de forma reflexiva. Separar los problemas de las cuestiones personales, gestionar las emociones complejas y considerar que los obstáculos se pueden superar aliviará las situaciones tensas y te hará manejar mejor las conversaciones delicadas. Piensa que en cuanto empieces a escuchar a los demás sin tomártelo como algo personal serás capaz de abordar cada interacción como una oportunidad para aprender. Y cada vez que superes una conversación complicada con respeto y empatía te sentirás con —y tendrás— capacidad para asumir incluso las más espinosas cuando surjan.

# Para saber más

## Artículos

David, Susan. «Manage a Difficult Conversation with Emotional Intelligence». HBR.org, 19 de junio de 2014.

Los conflictos no se pueden resolver solo con la lógica. También debemos prestar atención al torbellino de emociones que provocan. Este práctico artículo de la experta en *coaching* David Susan muestra cómo abordar un conflicto con una mayor inteligencia emocional. Aprenderás a reconocer las emociones que están en juego en cada situación, a entender por qué existen, a evaluar su impacto y a desarrollar estrategias para gestionarlas.

Goulston, Mark. «How Well Do You Communicate During Conflict?». HBR.org Assessment.

Este breve cuestionario del psiquiatra empresarial Mark Goulston te ayudará a evaluar tu capacidad de comunicación durante un conflicto. A partir de resultados concretos se ofrecen consejos y recursos adicionales para mejorar. Además, obtendrás algunas recomendaciones para actuar de forma más directa, sensible, paciente y sincera, cualidades esenciales para resolver los malentendidos y arreglar las relaciones personales o laborales.

**Para saber más**

Hedges, Kristi. «Five Essential Communication Skills to Catapult Your Career». HBR.org Webinar, 5 de septiembre de 2014.

Desarrolla tu capacidad para expresarte en múltiples escenarios con este vídeo de la experta en comunicación Kristi Hedges. Aprende cinco habilidades de comunicación básicas: crear una presencia intencional, conseguir la aceptación, presentar ideas de forma fiable y breve a un público exigente, desarrollar un estilo de liderazgo virtual para conectar a través de la tecnología, y dar y recibir *feedback*. El artículo incluye algunas preguntas para hacerse a uno mismo, historias de la vida real y consejos prácticos para aprender estrategias y que cada conversación que tengas sea más productiva.

## Libros

Halvorson, Heidi Grant. *No One Understands You and What to Do about It*. Boston: Harvard Business Review Press, 2015.

Halvorson presenta las diversas perspectivas que toman parte en tus interacciones cotidianas y explica cómo el hecho de detectarlas te ayudará a comunicarte con más claridad. Su trabajo se basa en décadas de investigación en psicología y ciencias sociales. Con los consejos que Halvorson ofrece en este libro podrás comunicar los mensajes de manera adecuada, mejorar tus relaciones personales y hacerlas más auténticas.

Harvard Business Review Press. *HBR's 10 Must Reads on Emotional Intelligence*. Boston: Harvard Business Press, 2015.

Reforzar la inteligencia emocional es útil para todas las áreas de tu vida laboral. Sin embargo, resulta de especial utilidad cuando debes mantener una conversación difícil. Profundiza en

**Para saber más**

esta habilidad clave para el liderazgo gracias a esta recopilación de los mejores artículos de HBR sobre el tema, elaborados por expertos en la materia. Este libro te animará a controlar y canalizar tu estado de ánimo, a tomar decisiones inteligentes y empáticas, a gestionar mejor los conflictos y a organizar las emociones dentro de tu equipo.

Weeks, Holly. *Failure to Communicate: How Conversations Go Wrong and What You Can Do to Right Them*. Boston: Harvard Business Review Press, 2010.

¿Quieres superar las respuestas impulsivas, la vorágine emocional y la confusión, todo eso que envenena las conversaciones? La experta en comunicación Holly Weeks explica por qué solemos recurrir a tácticas poco eficaces cuando nos enfrentamos a situaciones complejas. Con este libro aprenderás estrategias para mitigar la agresividad y las actitudes defensivas, consejos para sortear las trampas y las habilidades necesarias para superar las conversaciones delicadas manteniendo intactas tu reputación y tus relaciones.

## Clásicos

David, Susan y Congleton, Christina. «Emotional Agility». Harvard Business Review, noviembre de 2013 (product #R1311L).

Sabemos que la capacidad para autogestionar los pensamientos y sentimientos —es decir, la agilidad emocional— es fundamental para el éxito empresarial. Pero ¿cómo es posible desarrollarla? Las expertas Susan David y Christina Congleton ofrecen métodos prácticos para abordar de forma consciente y productiva tus emociones. Aprenderás a reconocer patrones, a etiquetar tus

**Para saber más**

pensamientos y emociones, a aceptarlos y a actuar según tus valores. Al comprender cómo anticiparte a los problemas y cómo resolverlos, desarrollarás la agilidad emocional necesaria para afrontar con éxito cualquier conversación.

DeSteno, David. «Who Can You Trust?». Harvard Business Review, marzo de 2014 (product #R1403K).

En un contexto laboral es más fácil resolver cualquier problema mediante una conversación si te has ganado la confianza de tu interlocutor. Este artículo se basa en una investigación novedosa sobre la confianza, y ofrece cuatro consejos para la próxima vez que decidas confiar en un nuevo en un nuevo socio: que la integridad no es algo constante, que el poder corrompe, que la confianza suele enmascarar la incompetencia y que has de confiar en tu instinto. Gracias a los cuadros que incluye el libro (por ejemplo, «Cómo fomentar la confianza de los demás») aprenderás técnicas para mejorar este aspecto. En resumen, leyéndolo lograrás no solo de conversaciones menos estresantes, sino también relaciones más ricas en todas las áreas de tu vida laboral.

Manzoni, Jean-François. «A Better Way to Deliver Bad News». Harvard Business Review, septiembre de 2002 (product #R0209J).

Dar *feedback* negativo es una de las situaciones más delicadas a las que se puede enfrentar cualquier directivo. El profesor del INSEAD Jean-François Manzoni te ayudará a cambiar tu mentalidad para hacerlo con éxito. Gracias a este libro aprenderás a reconocer los prejuicios y te replantearás tu forma de entablar un diálogo honesto.

# Fuentes

## Fuente principal

Harvard Business School Publishing. *Pocket Mentor: Managing Difficult Interactions*. Boston: Harvard Business School Press, 2008.

## Otras fuentes consultadas

Bregman, Peter. «If You Want People to Listen, Stop Talking». HBR.org, 25 de mayo de 2015. https://hbr.org/2015/05/if-you-want-people-to-listen-stop-talking

David, Susan. «Manage a Difficult Conversation with Emotional Intelligence». HBR.org, 19 de junio de 2014. https://hbr.org/2014/06/manage-a-difficult-conversation-with-emotional-intelligence

David, Susan y Congleton, Christina. «Emotional Agility». Harvard Business Review, noviembre de 2013 (product # R1311L).

## Fuentes

DeSteno, David. «The Simplest Way to Build Trust». HBR.
org, 2 de junio de 2014. https://hbr.org/2014/06/
the-simplest-way-to-build-trust

Dillon, Karen. *HBR Guide to Office Politics*. Boston: Harvard
Business Review Press, 2015.

Goleman, Daniel. «What Makes a Leader?». Harvard Business
Review, junio de 1996 (product #R0401H).

Goleman, Daniel, Boyatzis, Richard y McKee, Annie. «Primal
Leadership: The Hidden Driver of Great Performance». Harvard Business Review, diciembre de 2001 (product #R0111C).

Goulston, Mark. «Don't Get Defensive: Communication Tips for the Vigilant». HBR.org, 15 de noviembre de 2013. https://hbr.org/2013/11/
dont-get-defensive-communication-tips-for-the-vigilant

Goulston, Mark. «How to Know If You Talk Too Much».
HBR.org, 3 de junio de 2015. https://hbr.org/2015/06/
how-to-know-if-you-talk-too-much

Goulston, Mark. «How Well Do You Communicate During Conflict?». HBR.org Assessment,
6 de marzo de 2015. https://hbr.org/2015/03/
assessment-how-well-do-you-communicate-during-conflict-2

Halvorson, Heidi Grant. *No One Understands You and What to
Do about It*. Boston: Harvard Business Review Press, 2015.

Hedges, Kristi. «Five Essential Communication Skills to
Catapult Your Career». HBR.org Webinar, 5 de septiembre
de 2014. https://hbr.org/2014/09/5-essential-communica-
tions-skills-to-catapult-your-career

Hurley, Robert F. «The Decision to Trust». Harvard Business
Review, septiembre de 2006 (product #R0609B).

## Fuentes

Knight, Rebecca. «How to Handle Difficult Conversations at Work». HBR.org, 9 de enero de 2015. https://hbr.org/2015/01/how-to-handle-difficult-conversations-at-work

Manzoni, Jean-François. «A Better Way to Deliver Bad News». Harvard Business Review, septiembre de 2002 (product #R0209J).

Tate, Carson. «Differing Work Styles Can Help Team Performance». Harvard Business Review, 3 de abril de 2015. https://hbr.org/2015/04/differing-work-styles-can-help-team-performance

Weeks, Holly. *Failure to Communicate: How Conversations Go Wrong and What You Can Do to Right Them*. Boston: Harvard Business Review Press, 2010.

Wilkins, Muriel Maignan. «Signs You're Being PassiveAggressive». HBR.org, 20 de junio de 2014. https://hbr.org/2014/06/signs-youre-being-passive-aggressive

# Índice

agradecimiento, a la otra persona, 51-52

ansiedad, 4-5
    por la conversación, 72-74
    por tus impresiones, 33-35, 53

apuntar tus impresiones, 74-77
    *Véase también* seguimiento de conversaciones difíciles

asuntos
    centrarse en los problemas, 56
    plantear los, 45, 53-56

autoconciencia, 24-25

autoevaluación, 72-74

autoimagen, 24, 26, 36-37

autorreflexión, 86-88

brevedad, 92

brevedad, *Véase también* comunicación, desarrollar habilidades de

causas de las conversaciones difíciles, 3-13

coherencia, 88-89
    *Véase también* confianza

comportamiento pasivo-agresivo, 89
    *Véase también* confianza

compostura, mantener la, 62-63
    mantener la, *Véase también* dirigir conversaciones difíciles

compromisos
    establecer, 67-68
    mantener tus, 79-81

comunicación, desarrollar habilidades de, 12-13, 85-96

comunicación abierta, 90-92
    *Véase también* comunicación, desarrollar habilidades de

confianza
    crear, 88-89
    falta de, 9-10

**105**

# Índice

conflicto de intereses, 5-6

conversaciones difíciles
- causas de las, 3-13
- entender las, 3-13
- evitación de, 3, 21-22
- factores que contribuyen a las, 3-13
- identificar los resultados positivos de, 41-42
- inteligencia emocional y, 23-24, 86
- provocadas por emociones, 38-39
- resumen, 3-13
- *Véase también* dirigir conversaciones difíciles; preparación de conversaciones difíciles; seguimiento de las conversaciones difíciles

conversaciones simuladas, 43
- *Véase también* preparación de conversaciones difíciles

crítica, constructiva, 19

desarrollar relaciones personales, 88-90

dirigir conversaciones difíciles, 49-68
- adaptarse y reorganizarse, 62-67
- agradecer a tu, 51-52
- definir el problema, 53-56
- enfoque para empezar a hablar con el, 45-46, 51-53
- escuchar, 56-60, 77
- establecer compromisos, 67-68
- identificar puntos en común, 61-62
- puntos en común, identificar los, 66

emociones
- ansiedad, 4-5
- del interlocutor, 37
- durante la conversación, 76
- escuchar tus, 35-39
- expresar tus, 23-27, 54-55
- fuertes, 11-12
- ira, 63-64
- provocadas por conversaciones difíciles, 38-39

entender las conversaciones difíciles, 3-13

entorno neutral, 46
- *Véase también* preparación de conversaciones difíciles

# Índice

entrar en acción, 18-22
*Véase también* preparación de
conversaciones difíciles
escuchar, 56-60, 77, 89-90
*Véase también* dirigir conversaciones difíciles
estilos de trabajo, 6-8, 9
*Véase también* causas de las
conversaciones difíciles
estilos personales, 6-8, 25
estrategias, 43-46
*Véase también* preparación de
conversaciones difíciles
evaluación de la conversación,
72-74
evitación de conversaciones difíciles, 3, 21-22

factores que contribuyen a las
conversaciones difíciles,
3-13
feedback, flujo de, 92-94

Goleman, Daniel, 23-24
guiones, de conversaciones, 43
*Véase también* preparación de
conversaciones difíciles

hablar
escuchar antes de, 89-90
pensar antes de, 86-88
hablar claro, 90-92
hechos
analizar los, 33-35
distintos puntos de vista de los,
10-11
*Véase también* perspectivas

impresiones
analizar tus, 33-35, 53
apuntar tus, 74-77
notas sobre tus, 74-77
*Véase también* seguimiento de
conversaciones difíciles
iniciativa, tomar la, 27-28
*Véase también* preparación de
conversaciones difíciles
inseguridades, 25, 26
*Véase también* perspectivas
inteligencia emocional, conversaciones difíciles y, 23-24, 86
intereses, conflicto de, 5-6
interlocutor
agradecer a tu, 51-52
considerar la perspectiva del,
37, 41

# Índice

interlocutor (*continuación*)
emociones del, 37
entender a tu, 65
identificar puntos en común con el, 61-62
seguimiento por escrito con el, 77-79
*Véase también* dirigir conversaciones difíciles; preparación de conversaciones difíciles; seguimiento de conversaciones difíciles
introspección, 17-28
*Véase también* preparación de conversaciones difíciles
ira, 63-64
*Véase también* emociones

lenguaje corporal, 53, 76, 89, 92

malas noticias, dar, 21
malinterpretaciones, 64-65
*Véase también* dirigir conversaciones difíciles
mentalidad, cambiar tu, 28
*Véase también* preparación de conversaciones difíciles

mirar a los ojos, 51
*Véase también* dirigir conversaciones difíciles
momento idóneo para la conversación, 46
*Véase también* preparación de conversaciones difíciles

pensar antes de hablar, 86-88
*Véase también* preparación de conversaciones difíciles
perspectivas
considerar las de otras personas, 37, 41
diferentes, 10-11, 35
planes de acción, 78
*Véase también* seguimiento de conversaciones difíciles
preguntas
hacer, 56-60
para después de la conversación, 72-74
para preparar conversaciones, 44
*Véase también* dirigir conversaciones difíciles; preparación de conversaciones difíciles; seguimiento de conversaciones difíciles

## Índice

preparación de conversaciones difíciles, 31-46

analizar los hechos e impresiones, 33-35

decidir tener una conversación, 18-20

desarrollo de estrategias, 43-46

escuchar tus emociones, 35-39

identificar los resultados positivos, 41-42

momento idóneo, 46

objetivos, 41, 45, 76

pensar sobre la situación, 17-28

reconocer tu papel en el problema, 39-40

tomar la iniciativa en la, 27-28

primera persona, usar "Yo...", 53-54

*Véase también* dirigir conversaciones difíciles

problemas

afrontar los, 18-22, 94-95

centrarse en los, 56

descripción de los, 76

plantear los, 45, 53-56

reconocer tu papel en los, 39-40

relacionados con el trabajo, 18-19

soluciones para los, 67-68, 77

puntos en común, identificar los, 61-62, 66, 77

relaciones personales, desarrollar las, 88-90

responsabilidad, asumir la, 39-40

respuesta de evitación o de enfrentamiento, 11

*Véase también* emociones

resultados positivos de conversaciones difíciles, identificar los, 41-42

seguimiento de las conversaciones difíciles, 71-81

autoevaluación, 72-74

mantener tus compromisos, 79-81

notas sobre la conversación, 74-77

preguntas para después de la conversación, 72-74

seguimiento por escrito, 77-79

*Véase también* seguimiento de conversaciones difíciles

sentimientos. *Véase* emociones

# Índice

soluciones, 67-68, 77
*Véase también* seguimiento de conversaciones difíciles

terquedad, 65-66
*Véase también* dirigir conversaciones difíciles

"Yo...", usar la primera persona, 53-54
usar la primera persona, *Véase también* dirigir conversaciones difíciles

# Notas

# Notas

# Notas

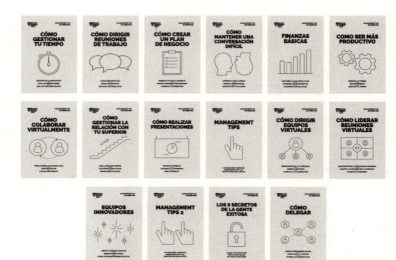

# Serie Management en 20 minutos
## Harvard Business Review

La Serie Management en 20 Minutos de HBR te permitirá ponerte rápidamente al día sobre las habilidades de gestión más esenciales. Ya sea que necesites un curso intensivo o un breve repaso, cada libro de la serie es un manual conciso y práctico que te ayudará a repasar un tema clave de management. Consejos que puedes leer y aplicar rápidamente dirigidos a profesionales ambiciosos, procedentes de la fuente más fiable en los negocios

---
Con la garantía de **Harvard Business Review**
---
Disponibles también en formato **e-book**
---

**Solicita más información en revertemanagement@reverte.com**
**www.revertemanagement.com**
@revertemanagement

# Serie Inteligencia Emocional
# Harvard Business Review

Esta colección ofrece una serie de textos cuidadosamente eleccionados sobre los aspectos humanos de la vida profesional. Mediante investigaciones contrastadas, cada libro muestra cómo las emociones influyen en nuestra vida laboral y proporciona consejos prácticos para gestionar equipos humanos y situaciones conflictivas. Estas lecturas, estimulantes y prácticas, ayudan a conseguir el bienestar emocional en el trabajo.

---

Con la garantía de **Harvard Business Review**

---

Participan investigadores de la talla de
**Daniel Goleman, Annie McKee** y **Dan Gilbert**, entre otros

---

Disponibles también en formato **e-book**

**Solicita más información en revertemanagement@reverte.com**
**www.revertemanagement.com**
@revertemanagement

# Gracias